T 11318

Bruno Heitz

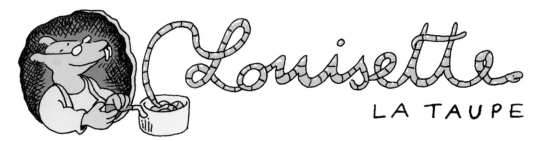

Louisette LA TAUPE

Mouton CIRCUS

miniBD casterman

Heureusement Ulysse a une idée !

Il attache plusieurs brebis ensemble...

et dit à ses hommes de s'accrocher sous leurs ventres.

Puis, lui-même agrippé à la toison du plus gros bélier, il réussit à sortir, ni vu ni connu, de la caverne du monstre.

Ainsi, ils peuvent s'enfuir et rejoindre leur navire qui les emmènera...

ATCHAOUM !

Rien de grave!

Mais il est certain que là-dedans, ça ronfle, ça gargouille, ça renaclouille, ça pattemouille.

Il y a des médicaments contre ces... gargouillis?

Un seul!

L'air frais de la montagne!

* Voir "Rapidissimo" et "Sardine Express

Nous allons te bricoler un hamac...

...et comme Ulysse sous le bélier...

...tu vas profiter de la **TRANSHUMANCE**!

C'est vrai, ça. Tous les étés, les bergers emmènent les moutons au frais, à la montagne. Tu seras une passagère clandestine!

Au boulot! Tu as de la laine?

Plein! Avec ce rhume, j'avais prévu de me tricoter des pulls, des écharpes et des bonnets!

Atchoum!

Mon singe savant n'était pas savant du tout, je l'ai revendu. Ma chèvre acrobate s'est enfuie dans la montagne...

Comme celle de Monsieur Seguin?

Tu connais cette histoire?

Oui. Celle-ci et quelques autres...

Les contes de Perrault comme le Petit Chaperon Rouge... Mais je préfère les frères Grimm. C'est plus cruel. Vous connaissez... ATCHOUM... les sept biquets? Hans et Gretel?

Ça alors!

Moi qui pensais juste te faire compter jusqu'à 10, ou chanter: « Il pleut bergère... »

Atchaoum

Tu vas raconter toutes ces histoires et nous allons faire une tournée triomphale!

MOUTON
CIR

Nous allons devenir riches!

À UNE CONDITION!

?

C'est que nous fassions cette tournée triomphale À LA MONTAGNE.

Ma santé en dépen

Pourquoi pas? Devenir riche à la mer ou à la montagne, c'est pareil pour moi...

N'est-ce pas, mon vieux... Au fait comment t'appelles-tu?

Appelez-moi Ulysse. ET ne buvez pas trop si vous devez conduire demain...

Ce soir dans votre ville, l'unique, l'incroyable **ULYSSE** le mouton qui parle!

À 300 kilomètres de là ....

Docteur Blaireau Interne des hôpitaux des terriers.

!

SOIR MATIN

RADIOS

Il faut prévenir les lapins!

« Cet incroyable mouton qu'on appelle Ulysse se fait applaudir tous les soirs en racontant des histoires passionnantes. Il connaît ses classiques: Homère, La Fontaine...»

C'est Louisette!

Il y a dû avoir une erreur d'aiguillage...

Et notre pauvre Louisette est obligée de faire le clown!

Elle n'est pas près de revenir parmi nous!

29

Comment ça, un mouton qui parle ?

Je n'en ai jamais vu...

...ni entendu : ils ne savent pas leur alphabet, nos moutons, sauf le B !

Bêê

C'est lui ! Je vous l'ai acheté il y a trois mois !

Bêêê

Tiens donc ! Et qu'est-ce qu'il raconte, ce mouton ?

S'il vous dit quelque chose, puisque vous semblez si bien le connaître

Bêê

...eh bien, vous l'emporterez !

ULYSSE!

Montre-leur ce que tu sais faire. Allez, PARLE!

Bruno Heitz Petit, Bruno Heitz aimait creuser la terre du jardin pour faire des tunnels, des ponts et des garages pour ses petites voitures. Pendant ces travaux, il découvrait parfois d'étranges galeries qui le fascinaient : celles pratiquées par les taupes ou les mulots du voisinage. Maintenant qu'il est grand (ou presque), Bruno Heitz vit en inventant et en dessinant des histoires pour la jeunesse. Ça lui permet d'habiter à la campagne dans le sud de la France, où, c'est bien connu, il fait toujours beau et où l'on peut jouer dehors très souvent. Aussi, quand Casterman lui a demandé de créer une bande dessinée, il est sorti dans le jardin et s'est agenouillé, l'oreille contre le sol, près de la boîte aux lettres, pour écouter ce qui se passait sous terre…

www.casterman.com

ISBN 978-2-203-00463-4
© Casterman 2007
Imprimé en Italie
Dépôt légal avril 2007 ; D.2007/0053/237
Déposé au ministère de la Justice, Paris (loi n°49.956 du 16 juillet 1949 sur les publications destinées à la jeunesse).